꽃이 되려면
이별도 아름다워야 한다

도서출판 청옥문학사

꽃이 되려면 이별도 아름다워야 한다

이석락 제5시집

도서출판 청옥문학사

詩人의 말

노블레스 오블리주 noblesse oblige

영불 100년 전쟁 중 1347년 칼레 시에서
영국 에드워드 3세의 항복수락 조건은
처형할 전범 여섯을
프랑스 칼레 시에서 스스로 뽑아 보내라는 것
가장 먼저 일어선 칼레 시 최고 부자
외스타슈 드 생 피에르 Eustache de St Pierre
"내가 그중 한 사람이 되겠소."
"용감한 칼레 시민이여, 용기를 가지고 나오라!"
뒤이어 시장, 상인, 법률가, 부유한 귀족들…
눈물이 난다

이른 아침 스스로 나선 전범 여섯 명
왕의 요구대로 속옷 차림으로 목에 밧줄 걸고
교수대로 가는 시가 행진은 침울한데
임신 중인 에드워드 왕비의 간청으로

에드워드 3세는 가진 자 여섯 명을 사면하니
눈물이 난다

먹고 쓰고 남는 것 동냥 주는 것이 아니라
목숨까지 내어주는 부자의 무한책임
英美에는 참전 용사 비율도 戰死傷者 비율도
무리 집단으로 보면
가진 자인 귀족과 상류층의 희생비율이
못 가진 하층민 희생자의 수 배나 된다
영미 자본주의 상류층의 희생과 봉사 정신
눈물이 난다

신의 자식은 군대 면제
어둠의 자식은 전쟁 총알받이
하루 벌어도 하루를 살지 못하는 세상
국민의 90%인 못 가진 자가 돈이 없는데
생산한들 소비할 사람을 어디서 구하나
소비가 없는데 부자인들 어디서 이익을 구하나
못 가진 자가 죽고 나면
다음은 가진 자가 굶다가 죽을 차례
먹이사슬을 끊지 말아야 호랑이도 살아 남는 법

누구나 아이를 낳고 싶게 하여
인류가 대를 이으며
살고 싶게 할 수 없는가

부자가
부를 쌓게 해준
못 가진 자의 도움에 보답하려는
선진 도덕국가 노블레스 오블리주
눈물이 난다.

2013.5.

이 석 락

목록

제 2 부 꽃이 되려면 이별도 아름다워야 한다

제 3 부 안갯속을 걷는다

제 4 부 이미자는 쟈니리와 같은 사람이다

제 1 부

나는 낫지 않는 이빨 하나를 물고 산다

마른 멸치

청정 바닷속 햇살 휘몰아 다니던 은빛 비늘에
노란 줄이 가늘게 서더니 노랗게 피멍으로 번져
갯내음만큼 상쾌했던 얼굴이
짭조름하고 텁텁하게 나를 쳐다본다
비닐봉지에 꼭꼭 싸더니 못 본 척한다고
온몸을 흔들어
노랗게 화를 낸다

바다 냄새에 파도 소리를 섞어
칼슘 덩어리를 고추장에 찍어 먹으려 했는데
노랗게 절었으니 어디다 버리랴
아무리 절어도 멸치 아닌가
내 아이들은 추측도 못 할 옛 이야기
알루미늄 철판이 부딪혀 회색 녹이 묻어나는 육면체 도시락
흰 쌀밥 고추장에 멸치가 소원이던 이야기

집사람이 버린 멸치를
내가 가져와
신문지를 펴고 널어 말린다
늦여름 볕이 뜨겁지만 개미 떼가 무서워
마당에 널지 못하고 방에서 선풍기 바람으로 말린다

멸치 도시락 반찬이 부럽던 시골 아이가
바다 서러움에 은빛마다 무서리로 젖은
멸치의 눈물을 말린다.

넉넉한 가슴에 무지개 뜬다

비옷 위에 소낙비가 쏟아져
한 발, 한 발 무거운 엄마의 걸음이
아이들의 밥을 짓는다
비바람에 잠시 정신을 놓을 때도
아이들은 엄마 가슴에 잠들고
엄마가 짓는 밥은 뜸 드는 중이다

길손 끊긴 노점상 거리
먼 산 보는 젖은 얼굴에
기름 값, 쌀값, 잔주름 몰려온다
줄기찬 비가 종일 이어지면
옛사랑 추억아 보슬비로 내려라
아이들의 웃음아 꽃비*로 내려라

제 길 찾지 못한 아이들
변변찮은 남편
살아보면 사랑이다
우세스런 살림살이
찬바람 들이치는 눅눅한 쪽방도
하늘나라 쉼터

살아 보면
성공한 것도 별것 아님을 알 때가 있다
어두운 시간에도
아이들은 자라고
넘어지는 일에도 웃고 나면
들꽃 함초롬히 무지개 뜬다.

*꽃비[명사] : 1 비가 꽃잎처럼 가볍게 흩뿌리듯이 내리는 것을 비유적으로 이르는 말.
2 꽃잎이 비가 내리듯 가볍게 흩뿌려지는 것을 비유적으로 이르는 말.

때

한때는 맑은 피 솟아날 듯 우윳빛 살결이
더러운 것에 둘러싸여 저항하다가
더러운 것이 되어 떠난다

떨어진 때가
바닥에서 올려다본
참 많이도 낡은 집은
때가 되어 떨어져 나올 때까지
같은 꿈을 출렁이며 설레던 몸
벌레와 먼지를 막고
숨을 쉬고 땀을 내보내고
피를 지키고 새 살결을 키우고
바쁘게 살았지만
떠나야 하는구나

하루를 머물건 이틀을 머물건
함께한 자리
허물어질 집이지만
어쩌겠느냐
남는 자에게
흔드는 손수건.

나는 낫지 않는 이빨 하나를 물고 산다

실비*가 자장가를 부른다
젖은 나뭇가지에 새싹이 꿈틀거린다
젖 빨다 잠드는 엄마 품속 같은 비에
씀바귀 새싹이 손을 내밀어도
잔뿌리 한 곳에 상처가 있다

나는 낫지 않는 이빨 하나를 물고 산다
비 맞은 봄(春)처럼 쑥쑥 자랐지만
신께서 아버지께 주신 것을 물려받은
떨어질 듯 펄럭이는 빨래이기도 하고
해진 바지 틈에 궁둥이가 보이기도 하는
바람 불어 시린 낫지 않는 이빨을 가지고 산다

온종일 내리는 비가 지루해지면 어쩌나
낫지 않는 이빨이 심해지면 어쩌나
그렇구나
깎인 잔디가 더 푸르듯
아픔은 행복이 자라고 있음을 알리는 것이다

비가 그치니
노을이 곱기도 하다
나는 낫지 않는 이빨을 지긋이 깨물며 섬돌을 내려선다.

* 실비: 실처럼 가늘게, 길게 금을 그으며 내리는 비.

긍정적인 소원만 이루어진다

세 시간 뒤면 밥 나온다
세월아 빨리 가거라
네 시간 뒤면 주사 맞는다
세월아 가지 마라

벌써 네 시간째냐
너는 오지 말라 했거늘

네 시간째가 온 것은
기쁜 일 기다리는
또 다른 사람이 빌었기 때문이다.

면도할 때 나이도 깎는다

깎은 잔디밭에 푸른 새순
쥐불 놓은 자리에 돋는 봄풀처럼
잃은 자리가 어제보다 튼실하다

아침마다 나이를 깎자
깎인 나이는
깎인 잔디처럼 힘이 솟아
산을 들어 바다를 메우고
빛보다 빨라
지나간 세월도 돌려세운다

나이가 깎일 때 쌓은 경험이 사라진다면
삶을 안내할 길잡이가 사라지는구나
하나를 얻었으니 하나는 주어야지
잃은 경험은 역사책에서 찾고
새 시대 경험을 얻으면
잃은 것도 아니지

잃어야 할 경험이 아까워도
더욱 푸른 나이를 기다려
수염을 깎으며 나이도 깎는다.

이 머고 (What am I?)

또
일어나 밥 먹고
출근하고 퇴근하고
돌아와
밥 먹고 자고

또
일어나 밥 먹고
출근하고…

좋은 것이냐?

난파선

창고 같은 사무실도
말을 건 동료도
잠을 깨고 생각하면 전혀 낯선 일

잠들 때마다 또 다른 곳에서
본 적 없는 책상을 정리하고
아랫사람 자리를 둘러보는 꿈을 꾼다

다듬을 글도 남았는데
읽을 책도 쌓였는데
방지기 스무날에
잊어보려는 일터가 고개를 든다

눈만 감으면
이상한 사무실
이력서를 또 한 장 써야겠다.

나는 제대로 돌아가는가

독도는 일본 땅, 이어도는 중국 땅
북한은 천국, 남한은 지옥
촛불을 켜라, 청와대로 가자
뉴스가 환청을 일으킨다

하얀 깃발 뒤에 피묻은 칼춤
잡아라 죽여라
온몸이 뒤틀리는 환각을 일으킨다

생목*이 치미는 날
자전거를 타고 강으로 간다
계속 구르지만 멈췄다가 구르는 듯
자전거 바퀴가 착시를 일으킨다
'세상은 제대로 돌아갑니다'
'보지 않으면 착시가 없습니다'
'생각하지 않으면 환각이 없습니다'

생목이 치미는 날
붐비는 산책 길에서
눈을 감고 페달을 밟는다.

*생목[生목] : (생리 현상 및 분비물)[명사] 제대로 소화되지 아니하여 위에서 입으로 올라오는 음식물이나 위액.

무엇을 비운단 말인가

어둠길 가뿐하게 모두 비우자
수의壽衣에 주머니가 없다

한 순가락 삼킨 것이 목구멍에 걸린 것은
어머님과 함께하던 밥상 탓이 아니다
납덩이가 명치를 누르고
짙은 연기가 가슴에 넘치는 것은
정류장에 홀로 서서
사라지는 버스에 손 흔들던 어머님 탓이 아니다
누우면 일어나고 싶고
일어나면 갈 곳 없는 것은
어머님 영전에 흘릴 눈물을
삼킨 탓이 아니다
나에게는 웃을 일 없다는 집사람이 간다면
집사람 그림자 지우지 못해
물 한 모금 삼키지 못하고
눈 감지 못하다가 썩정이*처럼 밟힐
두려움 때문도 아니다

읽지 못하고 쓰지 못하고
불러도 오지 못할 사람 기다리다가
진통제도 감당하지 못할 고통을 만날 일이
두려운 탓이 아닌가

눈멀고 움직이지 못하다가
낙엽처럼 마르다가
흙이 되는 것을 기다리지 않으면서
무엇을 비운단 말인가?

*썩정이[-쩡-] [명사]: 썩은 물건. →삭정이.

인연이 떠내려간다

나는 시간이라는 파도에 뜬 배
파도는 우주를 흔들어
배들은 서로 부딪히기도 하고
모르고 지나가기도 한다

다가오는 저 배는 누가 띄운 것인가
몽골 밤하늘 별같이 왔다가 아침 별같이 사라지는
저 배는 어디로 가는가

강에 어둠이 쌓이고
쌓인 어둠만큼 고독한 성을 쌓다가
간들거리는 옆 배가 몽골 별임을* 알아도
손 한 번 흔들어주지 못하고
아침 별같이 모르는 곳으로 떠내려간다.

*몽골 별: 몽골 밤하늘에 찬란하게 쏟아진다는 별.

빚

먹고 자고 놀면서
값을 치른 것이 없다
밥 먹고 돈 주고
옷 받고 돈 주던
사람 사이 소꿉장난 기억뿐이다

태어나서 젖 먹은 것부터
집사람 사랑한 것까지
한 푼도 갚지 않았으니
강바람 쐬고 봄볕 쬔 것까지 포개면
외상값이 앞산만 할까

이빨 하나씩 빼앗기고
가뿐하던 몸놀림 하나씩 빼앗겨도
외상값 독촉인 줄 몰랐다가
내 어머님은
한순간에 공기도 마실 수 없었다

빚 때문에 어머님처럼 될 줄 알면서도
값도 물어보지 않고
오늘도
샛별을 마음대로 세고
새벽 공기를 내 것인 양 마신다.

나는 아무것도 모른다

단풍나무 아래 섰다
내가 왜 이러고 있는가

집사람이 시킨 우유를 받으려고 그런다
엄마가 날 낳았기에 그렇다
어제 낯선 사람을 따라가지 않은 탓이다
오늘 아침 눈을 떴을 때 아침 뉴스가 나왔기 때문이다

모두 맞는 말인데
어느 것을 고를까

온다던 비는 안 오고
쓸어 모은 나뭇잎은 자꾸 날리고
기다리는 소식은 오지 않는다

알록달록 묶인 인생
어느 매듭 탓인가?

풀지 못하는 문제

내일이 있다고 말할 수 없다
어제에 내가 있었고
지금도 내가 있지만
어제가 있었는지도 확실하지 않고
지금이라는 것도 있는지 없는지 확실하지 않다
곱셈을 알면 덧셈을 알 듯이
지금이 무엇인지 알 수 있다면
우주의 시작도 우주의 주인도 알 수 있을 것이다

왜 사느냐 묻는다면
아침마다 마당에 서성이려고 산다 하려니
마당에 서성일 이유가 어설프고
시 한 편 남기려고 산다 하려니
난 아직 시의 본질도 모르니
참 난처하다
내일 올 새 세상을 기다린다고 하려니
무엇을 기다리느냐
왜 기다려야 하느냐 하면
더욱 난처하다.

끝없는 욕망의 끝

창밖에 흰 구름이 푸른 하늘에 놉니다
흰 구름이 아저씨를 그렸습니다
아저씨 옆에 아주머니를 그리면 좋을 텐데
아저씨를 지우고 잠자리를 그립니다

햇살 눈부시지 않은 곳에
보고 싶은 사람 모습 그려달라 하니
들어주지 않습니다

섭섭하여 생각해보니
내 욕심이 한이 없어
다 받아드리지 못하는 모양입니다

보고 싶은 사람의 모습을 그려주면
움직이는 모습으로 바꾸어 달라 하고
살아 있는 상태로 보내달라 하고
사흘쯤 함께 있게 해 달라 하다가
하늘의 섭리조차 어기고
영원히 살게 해 달라 할 것을 미리 알고
첫 부탁부터 거절한 것입니다.

앞으로오오잇 가

제식훈련 구령 소리에
나는 아무 생각도 없었다.
장난기 심한 선배에게 얼차려당한 일도
저녁에 만날 아이들의 얼굴도 잊고
귀찮은 명령에 창피를 당할까 봐
반짝 끝날 휴식명령만 기다렸다.

한창 어려울 때는
한 발 내딛는 일만 생각하기에도 벅찬 것이
어려운 세월을 편하게 보내는 길이었다.
가장 가까운 아주 작은 희망에 기대는 것이
어려움을 이기는 길이었다.

온갖 일을 잊고
새 아침을 조용히 기다리는 것은
가장 큰 복이다.

잊는다는 것

잎이 떨어진 붉은 감나무는 아름답다.
감을 따낸 나목도 햇살 받으며 씩씩하다.
새싹 돋는 감나무는 힘이 솟는다.
감꽃이 하나 둘 덮이는 것도 신기하고
푸른 잎에 싸인 감나무는 시원하다.
철 지난 감나무에 연연하지 않고
감나무에 새로 오는 변화를 기다린다.

지나간 계절을 잊은 것은 아니다.
지나간 것에 매이지 않을 뿐이다.
떠나간 사람을 잊을 수 없어도
떠나간 사람에게서는 풀려날 일이다.

작은 머리로 감당할 수 없기에
잊을 수 있도록 만들어진 것이다.
능력 중의 하나가 잊을 수 있다는 것이다.
행복 중의 하나가 잊는 것이다.

올해에는 웃으며 삽시다

형님!
을유년이 보낸 병술년도 똑같은 년입니다
이년도 눈웃음 뒤에 저승꽃을 숨겨놓고
우리에게 세월의 독약을 먹이고 있습니다
째깍째깍
독약을 먹이는 소리 들리지요

형님!
오늘도 입으로 무엇인가를 삼키셨지요
내가 삼키는 공기에까지
세월의 독약을 이년도 타 놓았는데
나는 도저히 그 독약을 골라낼 수가 없습니다

형님!
그런데 이년이 나를 좋은 데 데려다 준대요
가슴앓이도 육신의 굶주림도 없는 곳으로요
무상 무념도 싫고 여기서 막걸리 사발 앞에 놓고
형님과 진담과 농담을 섞어 웃음을 만들고
웃음으로 세월의 독을 풀어내려는데

글쎄,
이년도 고년처럼
지가 날 책임진다고 살살 꼬드깁니다

형님!
올해는 우리 단합하여 이년에게 덤벼 봅시다
이년도 천년 여우를 때려잡는 고약한
열두 년 중의 한 년이라네요
그렇지만 우리가 독을 담은 세월의 그릇을
뒤엎을 수 있을지 누가 압니까!

*병술년 첫 아침. 정용장 시인의 '너가 아닌 바로 나였구나' 댓글.

제 2 부

꽃이 되려면 이별도 아름다워야 한다

아버지 정말입니까

아버지가 말했다

그는 모은 돈을 지키려고
권력을 샀다
능력을 과시하려고 권력으로
물을 거꾸로 흐르게 했다
그 위에 명예가 필요해
지식을 샀다

그를 헐뜯던 자도
가진 자가 되면 그가 되니
유전유죄有錢有罪, 유능유죄有能有罪
사람의 본성은 다르지 않다
눈도 녹으면 먼지가 나온다

아버지가 말했다 하늘을 바로 보려면
가지지 마라
나서지 마라
배우지 마라.

기도

비 오는 범어사에 기도하는 사람들
늘어선 불전마다 삼천배를 하는지
얼굴에 맺은 땀, 방울져 구르고
등줄기 흐른 땀, 승복을 흠뻑 적십니다

불전 놓고 합장하는 여인들
뇌물로 환심 사려는 것은 아니랍니다
빼앗고 훔친 돈 조금 내놓고 용서를 바라는 것은 아니랍니다
남의 영달을 가로채려는 것도 아니랍니다

배달겨레 어머니가 간절히 기도합니다
나만 살아남자는 기도는 않게 해주세요
나만 용서받자는 기도는 않게 해주세요
남의 털끝 하나도 해치지 않게 해주세요
덤으로
남을 위한 기도를 하게 해 주세요.

신이 잠자는 시대

보릿고개를 넘다가 죽은 쇠돌이는
마누라의 기도만으로 천당에 갔으나
먹거리에 묻혀 사는 시대가 오니
기도만으로는 아무것도 할 수 없다

지상에 내려와 손자 주위를 맴돌아도
손자의 꿈에 나타날 수도 없는 영혼이
제사장에게 갖다 바친 손자의 피땀 앞에서
대성통곡해도
사람은 듣지 못한다

하늘나라 심판을 면하게 한다고
사악한 영혼을 쫓아준다고
거두어들인 재물이 쌓여
썩는 냄새가 하늘나라를 채우고
부글부글 끓어오르는 소리가
하늘나라 창문을 흔들어도
신은 단잠 자는 중이다.

이승과 다른 저승의 이치

몸이 죽으면
영혼은 구천을 떠돈다
몸이 죽는다는 것은
영혼이 남의 집에 있다가 쫓겨난다는 것이다
구천을 떠도는 영혼이 오죽하면
이승의 자식을 잡겠는가

이승에서는 자식의 의식주를 위해
굶고 고통받고 대신 죽었지만
구천에서는 자기의 평안을 위해
자식을 죽인다
이승에서는
자식을 위해 탐욕에 빠졌던 영혼이
이승을 떠나면
자신만의 오욕에 빠진다

산 사람이
죽은 조상의 칼날을 피하려면
효심과 정성만으로는 안 되니
제 살과 피를 팔아서
천도재를 올리고 굿을 하라 한다.

천당에 가지 못하는 까닭

중공군의 인해전술에 죽어
어느 산천 포연砲煙 속에 쓰러졌다가
꽃가마도 못 타고
첫 여름 홍수에 밀려 내려가다가
산사태로 깊이 묻혔다

아침이면 까치 소리 기다리다가
남편 밥그릇에 보리밥 한 그릇 떠 놓고
밤이면 바늘로 제 허벅지 찌르는 마누라는
새벽마다 정화수 떠 놓고 빌었다

전쟁 중에 생환生還 기도가 너무 많아
마누라 기도는 전사 후에 접수되니
생환 기도는 처음부터 무효였다
수십 년 소식 없어 전사사실을 받아들이고
천도遷度 기도를 했을 때는
세상에 재물이 넘치고
신들은 명예욕에 빠져 신전 확장에 눈이 뒤집혔다
품팔이하는 마누라의 가난한 헌금이
신들의 눈 밖에 났으나
마누라는 그런 줄도 모르고 기도를 했다.

무당과 박수

정성껏 차려 굿을 하라는 얼굴도 어여쁜 무당이
병굿을 해주고
제수祭需 몇 접시와 노잣돈 몇 푼을 가져갔습니다
한참 후 굿을 부탁한 아낙네가 고맙다고
방금 딴 애호박 하나를 무당에게 주었습니다

많이 차려야 액을 물리칠 수 있다는 험상궂게 생긴 박수가
부잣집에 굿을 부추겨 신나게 놀고 나서
모인 사람들이 셈하게 하여 얼마나 들어왔는지 공개하고는
불쌍한 사람에게 모두 나누어주고 갔습니다
굿을 부탁한 부자는 효험이 없다고 하고
박수는 차린 게 적어서 그렇다고
크게 한 판 더 하라고 하였습니다

가난한 박수는
제 아비 굿도 하지 않고
몸살감기에 약 한 첩도 쓰지 않아
명대로 살지도 못하고 죽었습니다

명대로 산 어여쁜 무당이
염라대왕의 심판이 끝나
저승 한 귀퉁이에 쉴 곳을 얻어
천당을 지나가는 길이었습니다
보리수 아래 백두산 승차하 산수도 그리는 선녀 옆
짚신 삼던 박수가
막걸리에 목을 축이고 가라고
어여쁜 무당을 불러놓고
내가 이승에서 나누어준 돈이
부자들을 속이지 않고 마련한 돈이었으면
천당에서 시인이 되었을 거라 하였습니다
시인이 되고 싶으냐고 무당이 물으니
말 같지도 않은 시 때문에
밤잠 설치는 짓을
헛똑똑이가 아니면 누가 하겠느냐고
박수는 막걸리 한 잔 마시더니 웃었습니다.

공유하는 세상

땅기운*이 하늘로 오른다
바람을 밀어올리고
아지랑이도 안개도 밀어올리고
하늘로 오른다

땅기운이
잔뿌리 끝으로 들어가서 구부정한 몸통을 지나
가지 끝으로 빠져나가고
암반이든 물이든 뚫고 지나서
하늘로 오른다

봄 새싹은 자라려고
땅기운을 욕심내어 받아먹고
여름 나무는 쉬려고
땅기운의 한 귀퉁이를 물어뜯다가 내보내도
겨울나무는
빠져나가는 제 몸의 정기조차 막지 않는다

나무가
막힘 없이 흐르는 땅기운을 독차지 하지 않음이
모를 일이다

기가 빠지면 숨이 끊어질 텐데
제 몸의 정기조차 하늘로 보내는 것이
모를 일이다

흐르는 기를 혼자 다 먹으면
기가 막혀
시공時空도 사랑도 꽁꽁 언다고
세상이 멈추지 않도록
팔 벌려 기도하는 것일까
나무는 땅기운을 남겨
하늘로 날려보낸다.

* 땅기운[명사]: 땅에서 나오는 기운.

구더기 선생님

쓰레기 썩는 곳도 생명의 원천
구르고 떨어지고
얼싸안고 뒹군다
한바탕 놀이가 끝나면
바글바글 구더기
마른 곳 찾아 날개옷 꺼내 입고
푸른 하늘 넓은 곳으로 승천한다

우화한 뒤에도
구더기 적 잊지 않고
내가 있어 네가 불편하지 않은지
앉으면
미안하다 두 손 비비고
쉰 밥, 썩은 고기와도
인사 끝나면
세상에 제일 귀엽다 핥아준다

사람도 구더기도 하늘의 자손
사람은 돌연변이를 거듭하더니
썩은 음식 먹지 못하고
똥 냄새 맡지 못하는

괴질에 걸려도
파리는 돌연변이를 할수록
아무 곳 아무 때에도 행복하다

세월이 억겁을 돌면서
죽을 것과 살 것으로 갈랐는데
사람은 용하게도 죽지는 않았지만
먹고 자는 곳도 마음대로 못하게 되었다
망측한 영혼이 해괴한 몸짓으로
세상에 왔지만
썩은 곳에서도 행복하려면
구더기가 이웃을 헐뜯는지 잘 보아라
파리가 재미 삼아 이웃을 죽이는지 잘 보아라.

아름다운 인연으로

諸行無常이라 해도
있었던 일은 변하지 않습니다
우리의 기억 속에 사라져도
있었던 일은 그대로 있습니다

물이 산자락을 후벼내고
산은 물이 지나간 자리를 스스로 지우지는 않아도
세월이 바꾼 모습을
지나간 시간으로 되감으면
조금씩 변하던 순간순간의 흉터가
되감기에 맞추어 순간순간으로 살아납니다

끝없이 허물을 만드는 우리
있었던 일을 지울 수는 없어도
새로운 인연으로
다듬을 수는 있습니다

욕심이었네요 미안해요
한 번 웃어줄 때마다
나는 작은 촛불 하나 밝히게 되고
시들던 세상도
봄비 그친 아침 해를 맞이합니다.

웃을 수밖에

인도 호텔 청소부가
바퀴벌레를 없애라고 보채는 백인에게
만물은 어울려 살아야 한다고 했다는 말에
사냥과 낚시가 고상한 취미라고 떠드는 세상인데
웃을 수밖에

못생긴 무지렁이가
피죽 한 그릇으로 사흘을 버티며 모은 재산을
학교에 기부했다는 말에
약한 자의 재물을 빼앗아 남의 나라 도박판에 펴 주는 세상인데
웃을 수밖에

말라빠진 가난뱅이가
겨울이면 손이 얼고 여름이면 땀띠로 모은 돈을
난민촌에 보내라고 기부했다는 말에
겨울에는 반바지, 여름에는 외투 입는다고 자랑하는 세상인데
웃을 수밖에

처자식 두고 출가한 불자가
몸도 내 것이 아니니 내 죽으면
굶주린 미물에게 보시나 하라 했다는 말에
내 몸만은 방부처리하고 내 무덤만은 크게 하라는 세상인데
웃을 수밖에.

나를 살게 하는 힘

해가 가까울수록 작아지는 그림자
어둠이 오는 발걸음 소리에 길게 자라서
세상을 덮는다
그제야
밝음이 있음을 알지만
다시 해가 높이 떠서 그림자 작아지면
어둠이 있음을 잊는다

으스름달 진창길
하얗게 마른 곳을 밟았는데
물이 첨벙
그제야
야백수夜白水*가 생각 나서
검은 곳을 밟았더니
뚫어진 밑창에 물이 찔끔

지나가면 잊고 겨우 생각해도 틀려
밥그릇도 못 챙기는
내 지식이
오늘 노점에서 잘 고른 사과 하나로
잘난 맛에 취하여 콧노래 부른다.

*夜白水: 어슴푸레한 길에 희게 보이는 것은 물웅덩이라고 서당에 다니던 친구들이 만든 말.

떨어지는 꽃은 욕심이 없다

잠시 머물다 가도
가는 길이 깨끗하다
세상에 미련이 없어
작은 바람에도 따라나선다
흙이건 검불이건
앉은 곳 곱게 꾸미고
환한 웃음도
향기로운 냄새도
있는 대로 주고
아무것도 바라지 않아
떠날 때 털어낼 먼지도 없다
썩어도 악취가 없는 것은
썩을 때도 욕심이 없기 때문이다.

우리

우리는 하나인 개체個體
우주라는 개체 안에서
나는 붉은피톨, 너는 흰피톨이다

너와 내가 싸우면
우주가 신열을 내고 기침한다
너와 내가 싸우면
우주가 현기증을 일으켜 주저앉는다

가까이나 멀리서도
너와 나는 하나가 아닐까
두 개가 아니라
하나가 아닐까
저 별과 하늘도 우리와 어우러져
하나가 아닐까.

제설 작업

눈 내리는 밤은
꿈속의 고향이다
땅에 닿자 사라지는 눈을
손바닥에 받으며 아쉬워하는 남쪽에
눈이 쌓이다니 웬 복이냐
하얀 세상에만 하얀 마음이 자라고…

어른들은 하얀 세상이 두려워
하얀 세상을 검게 만든다
고운 눈을 모래로 덮는다
눈아 녹아라
비로 바뀌어라

아파트 관리소장은
아이들 미끄러진다고 쏘아보는
그 아이들 엄마가 무서워
경비실마다 눈삽 배포하고
소문보다 빠르게 모래를 뿌리라 한다
주민의 입보다
먼저 움직여
눈을 감추라고 협박한다.

잘 못 가는 과학

알 수 없는 것은 그대의 마음이 아니라
내 입속의 이빨이다
이것저것 두드려보고 이상 없다, 했으면
좋습니다 며칠 뒤에 오세요, 끝내야 할 것을
스케일 해드려라, 의사 선생님의 덧붙인 말이 잘못이다
잘도 숨겨왔던 충치 하나 탄로 났다
드르럭 드르럭 사람 잡는 소리에
혼은 문 뒤에 숨어서 덜덜 떤다

병원마다 아프다는 사람이 가득한데
허구한 날 천재들 뽑아다가
폭탄 만든다고 야단이고
사람 죽이는 연습한다고 난리다
골이 빈 사람들
사람이 스스로 보고 듣고 움직이며
아프지 않게 살다 갈 궁리나 해주지.

꽃이 되려면 이별도 아름다워야 한다

옹자물에
바람이 벚꽃을 쓸어모았다
하늘에 꽃숭어리 잔치 끝나려 하면
땅을 덮는 낙하 잔치 시작된다

가지는 열매 맺으려 꽃잎을 떨어뜨리고
떨어진 꽃잎은 땅에서 꽃 잔치를 시작하지만
분홍빛 사랑도 하얀 얼굴도
내일이면 갈색으로 변하리라

피고 진 며칠의 일생을 되돌아보는
마지막 하루에도
낙화는
열매를 맺어주고 떠나는 마음 뿌듯하여
젖은 땅을 곱게 덮는 비단이 된다

거름 되어 누운 낙화를 세상이 잊어도
나무 가지는
꽃샘 비바람에 떨며 울먹이던 낙화를
자라는 열매에게
달 뜨는 밤마다 이야기할 것이다.

하나가 죽으면 다 죽는다
췌장염 치료

물 좀 다오, 물
물이라도 삼키면 넌 죽어
머금고 있는 물을 모두 뱉어라

입은 마른 혓바닥 갈라진다고 아우성
배는 침도 삼키지 말라고 아우성
뇌는 말이 없다

평생을 도우며 살아야 할 이웃이
좋은 시절 어떻게 했기에…

배가 말했다, 조금씩 먹고 마시지
입은 뇌의 눈치를 살피고
입맛을 통제하지 못한 뇌는 먼 산만 본다

지금이라도 기회를 준다면 서로 돕고 산다는데
입의 식탐을 말릴 수 있을까
하나가 죽으면 다 죽는다
뇌는 턱을 고이고 눈을 감는다.

산도 물도 그대로, 마음만 간사하다

텁텁한 공기에
한 올 바람 불면
가을을 만난 것 같다
바람 멈추면
가을이 나를 버린 것 같다

바람 다시 느끼면
역시 가을은 나를 사랑한다고 안심했다가
잠시 뒤
가을은 배신자라고
자는 사람 깨워서 고함칠 것이다.

제 3 부

안갯속을 걷는다

진리수호 서문誓文

전무후무한 문지마 종교*가 우리임을 말하지 않는다
만물의 주인이 되려는 자가 우리임을 말하지 않는다
목적의 타당성도 방법의 정당성도 따지지 않는다
하나의 개체를 살리는 것이 선이라면
그 선을 위하여 모든 개체를 말살해도 선이다

목적만 좋다면 무엇이든 선이다
선을 위하여
철저히 배신하고 기만한다
하는 척만 하는 마키아벨리즘*은 병-신이다
시베리아 유형지도 킬링필드 학살도 너무 허술했다
러시아인도 캄보디아인도 몰살되었다면
그 땅에 진리가 청청하였을 것이다

우리는 제국주의, 패권주의, 팽창주의자가 아니다
우리만이 진정한 민주, 인권, 평화주의자이다
썩은 물이 없으면 죽을 우리가
썩은 물을 없애려는 자는 우리뿐이라고 선전한다

우리의 최고 지도자가 팥을 콩이라 하면
팥으로 메주를 만들어라

세상은 정반합正反合*으로 진보하고
그 반복은 끝이 없다 해놓고

우리가 진보를 완성하여
더는 진보를 위한 정반합이 없다 한다고
논리적 모순에 빠진 것이 아니다
우리에게 맞설 진리는 없다
우리를 믿지 않는 자에겐
잔인한 처형뿐임을 실천으로 증명한다.

*묻지마 종교: 알려주는 것 외에는 알려 하지 말고 알려준 것만 맹신하기를 요구하는 종교.
*마키아벨리즘(Machiavellism)[명사]: 목적을 위하여서는 수단과 방법을 가리지 않고 권모술수를 부리는 행동 양식.
*정반합正反合[명사]: 헤겔의 변증법에서, 논리 전개의 세 단계. 정립定立 · 반정립反定 · 종합綜合을 이름.

이념분쟁

반월성 그늘에 낮잠 자던 이차돈 순교 이야기가
바람에 손짓하는 나뭇잎의 재롱에 깜빡 잠들었다가
세간 부수는 소리에 일어나
다시 흰 피를 뿌리려 한다

잘하려고 한 짓인데
접시도 던지고 재떨이도 던지고
이마에 피멍도 생긴다

어떤 살생도 죄가 된다 하여
자신을 죽이지 않으려고
남을 먹어야 하는 모순

순수만 모아도 그 속에 불순이 섞이고
불순만 모아도 그 속에 순수가 섞여
몸짓 하나도 죄 아닌 것이 없다

순수 속의 모순 때문에
저만 옳다고 갈대를 눕히고 지나간 바람도
머지않아
저만 옳다고 다시 일어선 갈대에 길이 막힌다.

세상 중심은

물었다가 놓치고 다시 찾는 젖꼭지
생각하는 것은 어미 젖꼭지뿐
눈도 못 뜬 강아지가
자기가 세상에 사랑을 퍼뜨리는 줄 모른다

강아지를 목욕시키고 옷을 입히는 것이 즐거우면
강아지를 사랑하는 것이라고 착각하는 사람도
강아지가 세상 중심임을 모른다

지치고 병든 바람이 문 앞에 기다려도
어미에게 지분대는
강아지 어리광에는 웃음이 나온다
강아지를 보는 동안은
나도 너도 사라진 축축한 방
훈훈한 바람이 가득하다

훈훈한 바람을 일으키는 강아지
세상 중심은 강아지임이 분명하다.

숨기기(隱蔽)

ㅎㅎㅎ로 웃는다
하하하, 호호호, 허허허. 헤헤헤
모두 ㅎㅎㅎ로 통한다

양반은 겁주기
상것은 눈치 보기
탈바가지 뒤에는 쓴웃음

ㅎㅎㅎ로 숨겨도
후후후로 웃었는지 흐흐흐로 웃었는지
너는 알더라.

하늘나라 1

하늘로 오르던 연기가 단풍나무 우듬지로 파고든다
연기는 하늘로 오르려고 몸부림치더니
우듬지에서 나오지 않는다

연기는
잎들이 비벼대는 따뜻함이 좋아
가지에서 잎으로 흐르는 물소리가 좋아
엄마 찾아 오르던 하늘 버리고
나뭇가지 파고들어 나뭇잎에 들어가
나무가 되었다

잎에 들어가
가지에 들어가
아무 곳에나 들어가
나도 나무가 될까

아니다
하늘로 올라가
나고 죽는 것이 없는 곳을 찾아보리라.

하늘나라 2

9+9=9
9-9=9
9x9=9
9/9=9
9=18=0=81=1

9=좋은 것
좋은 것=강아지
강아지=죽는 것
죽는 것=나쁜 것
9=좋은 것=나쁜 것

절대평등을 찾는다.

* 9의 의미
  1. 우리 조상이 좋아하는 양수 1, 3, 5, 7, 9에서 양이 완성된 수. 성취, 달성, 처음과 끝, 전체를 의미한다. 구久와 발음이 같아 장구長久를 뜻한다. 존귀, 길상吉祥적 상징부호로 쓰이고 서쪽을 의미하며 가을을 상징한다.
  2. 불교에서 9는 지고의 영적인 힘을 상징하며 구천九天의 의미가 있다.

안갯속을 걷는다

나도 아는 일
1+1=1
1+1=2

너도 모르는 일
1+1=무한無限 개의 정답

똑같이 자르기
불가능
순도 100% 만들기
불가능

진실은 안갯속
능력도 안갯속.

꿈을 꾼다

세상을 이끄는 것은
해괴한 논리이다
해괴한 논리가 과학이 되면
또 다른 해괴한 논리가 나온다
해괴한 논리를 부추기는 것은
신神의 뜰을 넘보는 허망한 꿈이다

뒤죽박죽인 꿈 조각을 맞추어 볼수록
꿈에 본 수많은 황당한 일이 희미해지다가
얼토당토않은 한 가지 꿈이 된다
어렴풋했던 꿈은 여기저기 떠돌아다니며
이 사람 저 사람 꿈으로 품게 하고
그 꿈은 뭉쳐서 현실로 나타난다
옛사람 날개 달던 꿈이 비행기가 되었듯이
방금 그려낸 우주 산책 만화는 우주 공원을 만들 것이다

놋쇠 숟가락이 금방 연필이 되고
비운 국그릇에 금방 커피가 채워지는 것도
뒷사람 시대에는 마땅한 일로 나타날 것이다

새벽 꿈에 수없이 확인하고 동전을 주워담은 자루가
이불 밑을 아무리 뒤져도 지금은 없지만
꿈에 본 것이 원할 때에 기다린 듯이 나타나는 일이
어쩌면 내 사는 동안에 이루어질 것이다.

지구사地球史

젊은이 입에서 말이 뛰어나오고
늙은이 입에서 말이 걸어나왔다
말들이 부딪쳐 부스러기들이 사방으로 튀고
젊은이 말은 넘어지고
늙은이 말은 붕대를 감고 무덤으로 갔다

넘어진 말이 늙은이 되어 나오고
부스러기 말이 젊은이 되어 나왔다
말들이 한바탕 싸우고 나면
주인이 여자에서 남자로 바뀌고
산이 바다가 되었다가
다시 싸우면 처음으로 돌아간다

수많은 말이 주인 바꿔치기 음모를 그치지 않아
지구는 얼었다가 녹았다가
제가 만든 자식이지만 씨알머리없다고
아예 씨알 바꿀 계획을 세운다.

멍텅구리가 사는 법

농부는 소작이나 열심히 하고
비정규직 노동자는 시키는 것이나 열심히 하고
국회의원은 싸움에다 말 바꾸기나 열심히 하고
교육자는 권력자를 열심히 따라 도는 것이

사람답게 사는 짓이지만

가난한 자에게도 춥고 배고픔이 있고
약한 자도 허물 없이는 살지 못한다고 인정하면
대통령의 증언도 진실이고
당선자도 공약을 지킬 것이라고
악마라도 믿을 것이다

죽은 사람 옆에 있었던 나무라고
뿌리까지 뽑고
사탕 가진 사람 옆에 있는 풀이라고
썩은 풀에 금테 두르는 짓이
사람다운 짓이라고 아무리 말해도
못 배운 사람들은 알아듣지 못한다

미운 사람 허물도 쓰다듬어 주고
벌을 주더라도 형평을 지키느라고
사람답지 않게 사는 것은
멍텅구리들이 사는 짓이다.

제9 금요일에 흐르는 명상

잠자리 날개 속에는
무지개가 뜬다
무지개가 카바레 등처럼 오색 불을 팔락이며 빙글빙글 돈다
빙글빙글 도는 것은 한 알이 태양만 한 잠자리이지만
우주 안의 모래이다
모래는 소나기로 내리기도 한다

하루에 아홉 번씩 태양계로 가는 행성은
모깃소리를 내는 정지한 시간이고
나를 유일신唯一神으로 모시라는 명령을 지닌
행성은
잠자리 우주가 보내는 지령선指令船이다

잠자리 우주에서는
어미 젖을 삼키는 아이처럼 모든 것이
오르가슴 상태이니
억억억億億億 해먹고 웃길 일 없어서
억억억 웃는 사람도 없다

잠자리 우주에 들어가면 살 수가 없고 나오려면
녹아버린다
나는 거기에 아홉 번 들어갔다가

하루 아홉 끼 금 밥에 금 반찬을 먹고
오줌 싼 놈 욕하려고
똥 싼 바지 뒤집어쓰고 살펴도
오줌 싼 놈 하나 안 보여
무지개에 밥만 먹고 간다고 갈겨썼더니
무엇무엇만이라는 말에는 모두라는 뜻이 있고
간다는 말에는 온다는 뜻도 있으니
비뚤어진 글씨도 대단한 예술이고
농짓거리 말도 대단한 예언이라고 모셔놓았다

언제 어디서 무엇이건 마음대로 하려거든
13일인 금요일도 없고 굶은 귀신도 없고
똥을 싸도 욕하지 않는
잠자리 우주에만은 가지 마라.

나는 독毒을 판다

영의정領議政 비밀 가게에서
아양 떨며 독毒을 사서 나오는 길에
비가 눈물 대신 깔린다
내 걸음은 어둠으로 들어가고
얼음장 갈라지듯
쩌렁쩌렁 울리는 발걸음 소리만큼
내 몸도 독毒이 된다

독毒으로 거듭난
몸 한 조각을 팔려고
어둠 속에 서성이다가
사금파리에 발바닥이 찔렸다

잊은 줄 알았던 사금파리가 이야기를 한다
내 할머니의 할머니가 솥뚜껑을 열다가
접시를 깼다고
그 조각 하나가 자기라고.

시간 여행

고당봉*에 가보라 한다
가야국 혼을 볼 거라 한다
수원지*에 가보라 한다
일본인도 잘한 것이 있다 한다

고당봉에도 수원지에도
보고 싶은 것은 보이지 않는다
조각 낸 장미 송이에도
보이는 것에는 볼 것이 없다

하늘 살 헤집고 구만리 들어가면
장미꽃 꽃잎 헤집고 구만리 들어가면
있으려나
하늘 한 겹 벗겨 보아도
장미꽃 꽃술 잘라 보아도
거기에는 아무것도 없다

시간 껍질을 깨고 시간 안으로 들어가자
오지 않은 시간도 겁낼 것 없다
십 리도 못 가서
내 눈을 가린 것이 무엇인지
앉을 곳이 어딘지 알 수 있을 것이다.

*고당봉: 높이 802m, 부산 금정산 정상.
*수원지: 부산시 부산진구 초읍동에 있는 저수지.

난시군자亂時君子

뽑힌 처녀가 이웃나라 부자들 매춘사업에 나가도
화대는 한 푼도 구경 못하고,
죽 한 끼 찾아 이웃 나라로 숨어든 처녀는
거미줄에 걸려 천민賤民들 매음굴로 팔려가도,
거짓 약속으로 받은 돈으로 만족조* 샅을 주무르고
구걸로 받은 돈으로 칼을 간다고 말하면
동족을 자극하는 반동분자라 한다
위협 앞에 아첨하는 것을 평화주의라 하고
세습군주에게 밥그릇 바치고
파리처럼 손 비비는 일을 인도주의라 한다

새로운 빛이라는 놈들은
여론을 만들어서라도 반대자를 죽이라 하고
억조 원을 우려낸 제 패거리는 용서하고
반대파에게 죽 한 그릇 판 놈은 때려죽이더니
바보를 추모한 바보에게는 굶어 죽으라 한다

동족 몇을 죽이면 살인자라 하고
무더기로 죽이면 영웅이라 하는 군자들이여
100년 미래를 위해
공약公約을 공약空約으로 밀어붙여야 한다는 군자들이여

오늘은 마왕에게
몇 번 절을 하면 살려주겠느냐?

*만족조: 숫처녀 중에서 선발 교육한 기쁨조 중 수령의
육체적 쾌락 도구로 공급된다는 조직.

봉하峰下 마을

들불 살아났다
들불은 싹이 튼 배추 색이다
좌왕골* 못에 산山 그림자 파랗고
사자바위 앞 봉하들에는
오리쌀*이 파랗다

가을에 꺼진 불 모내기로 살아나고
대선* 때 꺼진 불 지방선거*로 살아나
봉하들은 파랗게 탄다

역사는 발전하지 않는다
입이 비뚤어진 대통령 하나는
"지방선거를 가지고 이긴 것처럼 난리다. 희한한 일이다."
수없는 망발 중 또 하나를 보태도
깎아내리기에 이골이 난 조중동씨는 논평도 않는다
스스로 지키지 않으면 역사도 후퇴한다
오만한 바람에 꺼진 불
깨어 있는 시민이 지킨다.*

*좌왕골: 왕이 쉬어 갔다고 구전되는 봉하의 한 골짜기.
*오리쌀: 노무현 대통령이 오리를 이용하여 무공해 벼로 가꾼 쌀.
*대선: 大統領選擧.
*지방선거: [법률] 지방 자치법에 따라 지방 의회 의원 및 지방 자치 단체장을 선출하는 선거.
*깨어있는 시민: 노무현 어록 중에서 "민주주의 최후의 보루는 깨어있는 시민의 조직된 힘입니다."에서 차용.

부엉바위 사람들

사자바위 밑 통곡의 벽*은 붉은 눈물을 흘린다
통곡의 벽 앞 묘역에 있는 노무현의 절규는
민주주의를 지키는 것은 자각한 시민의 힘이 아니라
다수의 횡포에 흘린 피라고 말을 바꾼다*
안 하겠다고 약속한 것을 하고
하겠다고 약속한 것을 안 하는 짓은
승공통일을 내세워 뽑히고 난 뒤
김일성 만세를 부르는 것과 무엇이 다른가

부엉바위 못* 가에 앉아보면 안다
언론이 권력을 쥐었을 때는
판자집도 노무현의 형이 가지면 별장이 되고
허접스런 이층집도 노무현이 가지면 궁전이 된다

헌화대에 북적이는 투표권자들은 생각한다
히틀러도 국민이 뽑은 지도자였고
김일성도 국민이 믿은 지도자였음을
소인들이 힘을 가졌을 때는
떠들썩하게 죽는 것이 사는 길일 수도 있다는 것을.

*통곡의 벽: 노무현 묘역 뒤에 녹이 슬도록 도금하지 않은 철판으로 만든 벽.
*노무현 어록: 민주주의 최후의 보루는 깨어있는 시민의 조직된 힘입니다.
*부엉바위 못: 좌왕골 부엉바위 아래에 있는 못. 노무현 형이 농기계 창고로 지었던 가건물이 이 못 남쪽 산비탈에 있음.

말조심

머리에도 가슴에도 검은 피가 돌아
사지도 않는 복권당첨을 바라고
똥 묻은 손가락으로 흙 묻은 자를 가리키고
쭉정이 몸을 돌던 검은 피가
혓바닥에서 꼬물꼬물 기어 나오면
시비와 불평이
바다를 검게 덮는다

검은 피와 바다의 싸움
내 몸에 다시 붉은 피가 돌라고
하얗게 부서지며 싸우는 바다
바다가 이기는 날
나는 붉은 피를 찾을 수 있지

나에게 한 가닥 착한 마음이 생겨
입을 다물면
검은 피가 흐름을 멈추고
수평선에 활짝 피는
태양을 보리라.

빈익빈貧益貧

노동법 그물코를 듬성듬성 빠뜨린 것은
자본주의를 살려 중생을 구제하려는 것인데
부자들 가슴에 박힌 맘몬Mammon*이
중산층 가장까지 노숙자로 내몬다

공산주의가
공산당원을 경주 최 부자인 줄 알고
자본주의는
맘몬을 제주 김만덕인 줄 안다

빈손으로 저승에 간다 하면서
끝까지 욕심을 버리지 못하여
한 사람이 만 개의 물건을 만들어도
만 사람이 하나도 살 수 없으니
물건을 만드는 자도 파는 자도 드디어 굶어 죽는구나

신은 굶어 죽느니 맞아 죽겠다고 나서는 민중에게
공산주의 역사를 한 번 더 쓰라고 하는가?

*Mammon[기독교]: 부(富), 돈, 재물, 소유라는 뜻으로, 하나님과 대립되는 우상 가운데 하나를 이르는 말.

10원도 주는 것이 아니었다

10 원씩 받지 못한 돈이 모여
10 만 원이 되었어도 오히려
10 만 원을 달라고 하며 받은
10 만 원으로 만든 비수를 들이대니
10 원이 아니라 1원도 갚으라고 못한다

10 만 원 받지 않는 대신
10 만 원 줄 것 있었던 적이나 생각해 달라고 하니
10 같은 소리 하지 말라고 한다
10 하다가 내려온 것보다 게접스럽다는 말이
10 만 번 생각해도 이런 경우다.

어리석은 것이 좋은 것이다

길을 걷다가 우연히 만개한 꽃을 보고
하늘 보다가 우연히 만산홍엽을 본다
꽃 소식 단풍 소식에
날 잡아 나들이 가면 꽃도 단풍도 지고 없다

변화의 예고를 받아도 눈치채지 못하면서
나는 누구인가 너는 왜 왔는가
헛발질만 한다
조금만 아는 것은 행복하다
저것에서 이것이 왔고
이것에서는 무엇이…

알려고 할수록 답답해

아이들은 죽음을 모르기 때문에
내일을 꿈꾸고 무럭무럭 자란다
봄에는 꽃, 가을에는 열매
서산에 지는 해, 내일 다시 뜬다
이것만 알아도 차고 넘친다.

오른손이 하는 일 왼손 모르게

바글바글 범어사 경내
두 평 남짓 바위 면에
큰 글씨 작은 글씨 뒤섞인 이름들
비명碑銘이 속속들이 말해도 누구인지 모르는데
이름 두세 자 겨우 읽는다
어느 가문 후손인가, 괜한 일을 했구나

이름 석 자 얼마에 새겼을까
큰 시주님 큰 글씨, 작은 시주님 작은 글씨
바위 가득 넘치면 대패질로 깎아내고
새 시주님 받는다고
들끓는 입방아 한여름 나뭇잎보다 무성하다

아서라
모은 돈 곱게 쓰면 고운 일이다
남의 걱정하기보다
어긋난 내 마음 돌아볼 일이다.

대한민국 만만세

버리지 못해 처박아둔 것들이 석삼 년*도 넘은 두꺼운 먼지 너울을 두르고 구석에 머리 파묻고 있다가 여닫는 문소리에 귀를 쫑긋거린다

음습한 공기를 내뿜으며 정원용 자동 분무기와 전지가위가 바깥세상 소식 물었을 때, 에위니아*가 강원도를 요절냈음은* 쉽게 알아들더니, 얻은 쌀과 원자재로 총칼을 만들려는데 쌀도 원자재도 안 준다고 이산가족 상봉행사를 중단하면서, 이것이 동냥도 줄 줄 모르는 남조선*의 비인도적 행위에 책임이 있다고 북조선이 말함은 옳다고 말해도 폐품들이 워낙 무식해서 알아듣지 못한다

소련 공산주의가 그들 인민의 1/3을 시베리아 유형지로 보내서 몇 사람 살아나왔는지도 모르고, 킬링필드*에서 동족의 1/4을 공개리에 매장한 것과 월남의 보트피플*이 공해에서 익사한 것이 정말 신보다 위대한 공산주의 지도자의 현명한 판단이냐고 대들면서, 6 · 25가 북침이*었다는 말도 알아듣지 못하고 북의 핵무기와 미사일 실험이 불쌍한 남조선 인민을 위한 북조선 선군정치先軍政治라고 설명해도 알아듣지 못한다면 국으로* 있을 일이다

6자회담* 이야기를 자꾸 묻기에, 북남통일 후의 인민재판*이 두려워 혹시 말실수라도 하기 전에 깔끔하게 끝내려고 김정일 만세를 외쳤더니 폐품들이 놀라자빠지며 노려보아 도망치듯 헛간을 나오는데 썩은 곡괭이 자루가 발을 걸어서 선반을 잡고 넘어진 나에게 선반 위의 망치가 나의 교활한 머리를 치고 바닥의 못이 나의 엉큼스러운 손바닥을 찔렀다 북조선 만세를 부르다가는 북조선의 북남통일에 앞서 집 안의 도구들의 돌에 맞아 죽겠다

북조선의 수재민을 위해 남조선의 쌀과 자재가 간다는 소식을 들은 남조선 수재민이 하늘만 보다가 굶어 죽은 것은 사실이 아니고 새벽 개꿈이었지만, 기름값도 오르고 IMF 때 가장 먼저 직격탄 맞고 공공근로장으로 오리도살장으로 뿌리째 뽑혀 물에 뜬 풀처럼 떠돌다가 6년 만에 얻은 쥐꼬리 일자리도 젊은 사람에게 넘겨줘야 하는 판에 만만세*를 부를 생각 없지만 남한에서 밥 굶지 않으려고 대한민국 만만세를 부르려면 북남통일 뒤에 올 인민재판을 대비해 이불 쓰고 대한민국 만만세를 불러야 하는지?

1. 석삼 년: 9년(3x3년). 한국인은 숫자 중 3자를 너무 좋아하여, 3년, 삼세 판, 석삼 년으로 씀.
2. 요절-내다 [—래—] [타동사]: '요절나다' 의 사역형. 못 쓰게 만들어 버리다. 한바탕 요절내려고 했다. 요절(夭折)이 아님.
3. 남조선, 선군정치先軍政治, 북남통일, 북조선: 북한에서 쓰는 말투. 언제나 남쪽보다 북쪽을 우선하여 말함.

4. 국-으로 [부사]: 제 주제에 넘지 않게. 제 생긴 그대로. 모르면 ~ 가로있을 일이지.
5. 萬萬歲 [감탄사]: '만세(萬歲)' 의 힘줌말. '만만세' 로 씀이 띄어쓰기 오류 아님.
6. 에위니아 (EWINIAR) 미크로네시아에서 제출한 이름으로 '폭풍의 신' 이란 의미를 가진 태풍. 중심기압 985hPa, 이동속도 시속 약 35km. (2006년 7월 10일 14시 00분)
7. 킬링필드 학살사건: 공산주의자 폴포트가 800만 동족 중 200만을 총알 아낀다고 비닐봉지를 씌우거나 끈으로 교살하여 구덩이에 묻었음.
8. 보트피플: Boat people. 월남 적화통일 후 바다로 탈출한 선상난민인 월남인들을 신문에서 보트피플로 표현하여 일반인들은 Boat people을 월남의 선상난민으로 특정하여 이해함. 이들은 공해상에서 거의 다 익사하였음. 150만 명 이상으로 추정.
9. 6 · 25 북침설: 북한이 주장하고 남한에도 운동권 학생과 학자들이 이를 지지하고 있다고 하는데, 구소련의 비밀정보가 하나씩 해제될 때마다 남한이 먼저 북한을 침공했다는 북침설이 곤경에 처한다고 함.
10. 인민재판: 이성을 잃고 과격한 증오심을 유발하는 군중심리를 이용하여 공산주의자들이 반동분자를 공개재판하는 수법. 비판이나 검증 없이 군중이 일방적으로 구형 및 처형을 결정.
11. 6자 회담: 남북대치에 안보관계가 있는 남 · 북한, 미, 소, 일, 중 6개국이 북한 핵개발을 저지하려고 만든 기구이나 중국과 소련이 북한을 돕고 있음.

제 4 부

이미자는 쟈니리와 같은 사람이다

금주

네모 난 병에
주홍색 술, 조니워커
저것을 대접에 부어서 소가 물을 들이켜듯
쭈욱 빨아드리면
배가 풍선처럼 부풀며 하늘로 오를 건데,
하늘도 흔들흔들 나도 흔들흔들
다 잘 돌아갈 텐데

손가락만 한 잔
그것도 마시지 못해
입술만 적시지만
입 안에서 뱅그르르 도는 맛
코에서 허파까지 한순간에 닿는 향긋함
보고도 마시지 못하는 마약 앞에
이태백이었다면 미쳐버렸을 거다
아니면 병째로 삼키고 까무러쳤을 거다
나니까 참고 있는 거다.

누명

자판
두드려
무거워진
머리 쉬려고

잠깐만
눈 붙이고
일어났는데
깨어보니 새날

잠이
들려면
키보드가
수면제보다
훨씬 좋다마는

밤새워
두드리며
찾은 시어를
몽땅 앗아갔다
몹쓸 놈의 키보드.

＊자판 字板 [명사]: 〈컴퓨터〉 = 키보드.

오월 여름

매일 살펴보던 온천천 꽃길을 일주일이나 못 갔으니
꽃들은 예쁜 모습 보여주지 못한 채 지고
잎들만 억세게 버티고 섰겠다
꽃이 피면 한 달, 아니 보름이라도
곱게 단장시키라 해도
신은 내 말을 항상 잊는다
여름 비가 팔랑팔랑 날았으니
웃자란 잎에서 나온
무수한 하루살이가 모기와 어울려 한바탕 춤을 추겠다
끈적이는 땀에 옷깃 한 번 들썩이고 가는 아주머니
붕대 감은 손으로 모기를 잡다 놓친 나보다 텁텁한 숨을 쉰다
은행잎도 버스가 내뿜은 방귀에 머리를 절레절레 흔들고
전주는 덕지덕지 늘어진 전선에 목이 졸려 캑캑댄다
그저께 내린 비가 더위를 털어내지 못해
선풍기를 꺼내는 5월 26일
증기에 푹 젖은 하늘이 그늘에 앉아
올해 받은 여름날이 며칠이나 되는지
졸음 속에 세고 또 세도 120일인지 150일인지
섭씨 28도 오후 두 시
도심 포장길은 젖은 속옷 입은 것 같다.

진주냉면

평양냉면보다 동뜨다
함흥냉면보다 동뜨다
평양냉면보다 낫다고 평양 사람이 말했다는
어느 박사님의 글
나야 알 수 없지
뱅글뱅글 돌던 20미터 반경
물어물어 찾았더니
간판 아래서 머뭇댔던 집

점심 먹고 토끼잠 끝나는 오후 두 시
넓다는 이 층에서도
빈 그릇 쌓인 식탁에 앉으라는 종업원
입으로는 이리로 오세요
몸으로는 제발 돌아가세요
아침에 칼날 같던 진주냉면 제복도
점심 손님 끝나면 숨 죽은 파김치

한세월 기다려 나온 냉면을
입맛 변한 시인님 남기는구나
육수 맛이 달라도, 양념 맛이 달라도
옛날의 그 맛인지 아닌지 나는 모르지

한국 최고 냉면은 세계 최고
한 가닥도 남길 수 없지

한국 최고 냉면이라 해도
그 맛이 아니더란 말이 돌면
새참 때가 지나도 북적대는 이 방에
끼니 때에도 먼지만 쌓일걸.

이만하면

잠
자다
깨어나
뒤척이며
생각하는것
이밤에무엇이
마음을흔드는가
높은수직석축위에
더높은수직석축올려
천상마을구름만나려고
기역자로돌며올라간곳에
남망산청마기념관초가두채
식민지작은농가선지자유약국
청마형제들을일본유학보냈어도
걸출한청마후손청마그늘에가렸다
써모은글중에남길글한줄없는나는야
자린고비본받아도허기면하기어렵지만
미천한나로하여자식성공은작아도빛나니
이웃과어울린정에빼서자식앞길막지않으면
밤되어야눈붙일오두막한채뿐이라도넘치는복.

유혹
(슬기둥의 뜨락에 낙엽이 지면)

가도 가도
끝없는 길을 헛돌다
안개처럼 사라질 인연
욕심도 사심도 버리고
바람처럼 구름처럼 가자고
'슬기둥' 이 부른다
이생의 부귀영화 탐이 나서
아등바등 비틀대다 지친
어리석음아
한 점 바람이 쉬어 가라 한다

이룰 수 없는 욕망 벗어두고 오라는
그녀 따라 길을 나서면
잦아질 듯 이어지는 노래
로렐라이 언덕에 숨어드는 그녀
오르지도 내리지도 못하고
행사장 풍선 되어 너풀대는 내 영혼
슬픔도 아픔도 없는 별에서
한몸 되어 살자는
무지개만 하늘 가득 출렁인다.

* '뜨락에 낙엽이 지면' : 슬기둥 그룹. 조광재 작사 작곡. 김성아 노래
뜨락에 낙엽이 지면 어느새 가을 가고 가슴은 차가운 겨울에 쌓여 꿈처럼 흘러간다
l ; 내사랑 이제는 저 별로 가고 서러운 사랑만 가슴에 남아도 세월은 덧없이 흘러 슬픔도
잊혀져 가고 뜨락은 떨어진 낙엽에 쌓여 꿈처럼 흘러간다 : l 내사랑 이제는 저 별로 가고
서러운 바람만 가슴에 남아도 세월은 덧없이 흘러 슬픔도 잊혀져 가고

청춘들의 맹세

빵 공장에서 봄 미나리 같은 총각들이 나오고
원동교 난간에 얹혀 겨울을 기다리는 꽃은
앞치마를 두르고 저녁상을 본다

어두워질수록 화려해지는 조명에
떼 지어 기웃거리는 걸음들의 가슴에는
에로스의 화살이 꽂혀 있다
초저녁에는 소주가 있는 식당이 분주하더니
양주 가게에 불이 붙고
자정이 지나면서 소방수도 감당 못 하는
에로스의 불꽃이 탄다
찬란한 불놀이 끝나면
잿더미에서 썩은 냄새가 난다
어둠은 밤마다 에로스에 불을 붙이고
해는 아침마다 잿더미를 치운다

자판기 있는 휴게실
뒤틀린 창자를 어루만지는 청춘들
지갑에 한숨을 불어 넣는다
이제 그만하자, 턱없는 약속을 또 하고
마주 보는 얼굴들이 피식 웃을 때
쿨렁쿨렁 매연이 가슴을 흔들어도
커피 향 나누는 휴게실은 봄으로 간다.

집에 오는 길

해가 지면 자석에 끌리듯 거리에 나선다
기린빵*에서 나오는 벚꽃 같은 처녀들을
원동교 난간에 달린 가을꽃들이 희롱한다
노을이 희미하게 남은 거리에
신호등 점점 뚜렷해지더니 초록, 빨강
그 속으로 들어오라 한다

어둠은 짙어지는데 거리는 젊어진다
아가씨는 키도 가슴도 커지고
낭창낭창 허리에 드러나는 배꼽춤 사위
식당들도 갈수록 밝아지고
아, 이 냄새
주린 창자가 환장한다

지하철 지나고 아파트 광장 지나서
찌그러진 대문 밀치면
호박 들고 종일 서 있는 단풍나무가 하늘을 가려
컴컴한
금 간 마당엔 낙엽이 깔렸다
시멘트 바닥에 거꾸로 선 국화는 겨우 화단에 발을 걸친 채
온갖 쓰레기는 창 앞에 쪼그린 채
새어나오는 불빛에 머리를 조아리는데

문지방 넘어 달려오는 소리
아빠 이제 오세요
종일 지끈거리던 두통이 달아난다
시큼한 김치찌개
아! 여기에
신호등 속보다, 아가씨 허리보다, 불고기 냄새보다
더
좋은 곳이 있구나.

*기린빵: 주식회사 기린. 빵을 생산하던 제과업종 회사.

겨울나무에 우는 바람

집사람이 문밖에서
칼바람 멱살을 잡고 실랑이한다
나는 문고리 잡고
문틈에 새어드는 바람에게 무어라 하려다가
문풍지 뒤에 숨는다

겨우내 막혔던 숨 한 번 쉬려고
풀잎이 바스락거리는 소리에 귀를 기울여도
봄이 어디서 오는지 모른다
봄바람 맞으려고 문을 열면
검은 구름 들어온다

된바람에 단풍나무, 우우
기왓장 낙수, 또로록 똑똑
선종한 김수환 추기경이
봄을 보내주려나
매화꽃이 옷깃 세우는 삼월은
겨울이다.

*김수환 스테파노 추기경: 한국 최초의 추기경. (1922. 5. 8~2009. 2.16)

일과日課

이불자락 뒤척이다 내려선 마당
마누라님 새벽 배달 나간 빈집
사방에서 내려온 유리창에 갇힌다
언 빨래 두드리던 아침 바람
날 선 푸른 칼이 부러지는 비명

헛도는 시를 쓴다

방바닥에 뒹구는 것도 버릇이 된다
낮 고드름이 자라나도
보일러도 끄고 기침도 하지 말자
등에 엉겨드는* 몸살

시는 낙서가 된다

천장 쳐다보는 하루가 싫어
부엌이라도 쓸려는데
마누라님이 마당 설거지도 마쳤네
대답 없는 이력서 보내는 오후

낙서보다 못한 시를 접는다.

* 엉겨들다[동사]: 여러 가지 물체가 한데 덩이가 져 달라붙다.

온천천*

더위 먹은 버드나무 아래
엄마는 아빠 따라
아들 딸 여섯은 엄마 따라
오리 가족 줄지어 간다

둑 너머 매연 속 상가商街에서
아귀다툼하다가
뽀얀 먼지 밟고 와서 개울을 건널 때는
징검다리 사이로 몰려가는 물살에
잉어 그림자가 어른거린다

개천 위를 지나가는 지하철
산책로에 느긋한 사람
정자 옆 버드나무 그늘에서는
집사람도 한숨을 멈출 만한데
벌써 해가 기울었으니
어느 때 손잡고 걸어볼까

둔치에 오목조목 꾸민 도랑을 건너면
붉은 자전거 길, 초록 산책길
인공폭포에 놀던 삼복 저녁 햇살이

내숭 떠는 아가씨 어깨 두드리다가
한 무리 칸나 빠알간 유혹에 빠져든다.

* 온천천: 부산시 동래구 온천동에 있는 하천.

이미자는 쟈니리와 같은 사람이다

이미자*는 쟈니리와 같은 사람이다
이미 자? 물어도 대답이 없고
쟈니? 리 다시 물어도 대답이 없다

쟈니리와 쟈니 윤은 다른 사람이다
쟈니리* 불러도 대답이 없고
쟈니 윤* 불러도 대답이 없어
그들이 아껴둔 꿀떡은 먹고
이미 자는 머리맡에 빈 그릇만 남겼다

이미 자는 두 사람
낮잠에서 깨면
내 몫까지 네가 먹었느냐고 물을 것이다
도둑이 다녀갔나 주머니를 열어볼 것이다.

* 이미자: (1941년 10월 30일~), 서울 출생. 1959년 '열아홉 순정' 으로 데뷔, 2009년 은관문화훈장 수상, 2000. 10 환경부 환경홍보사절.
* 쟈니리: 본명 이영길, 예명 이훈(1938년~), 중국 지린 성 출생. '뜨거운 안녕', '통금 5분 전', '내일은 해가 뜬다' 가 수록된 '쟈니리 가요 앨범' 을 취입하였으며, 영화 '청춘대학' 에도 출연.
* 쟈니 윤: 윤종승(1936년~), 충북 음성 출생, 미국 NBC TV 자니카슨쇼로 데뷔, 2009년 제17회 대한민국 문화연예 대상 TV진행자 대상, 1973년 뉴욕 최고연예인상.

착각 34DDD*

붉은 셔츠를 밀어내는 34DDD가
머리만 하게 보일 때도 있지만
착시 탓이다

머리보다 작은 젖이
노란 원피스를 부푼 풍선으로 만든 것은
19inch 허리 탓이고
가슴에 물방울이듯 맺힌 젖에
연초록 셔츠가 찢길 듯 늘어나는 것도
40inch 엉덩이의 탄력 탓이지만
갈색 드레스를 가슴골로 깊게 찢는 것은
어른의 아이 같은 얼굴이다

기네스북의 102ZZZ*를 제치고
34DDD에 세상이 몰려든다
34DDD가
34inch 허리를 만나면 어떤 착시현상이 나올까
34DDD가 사랑 받게 된 것은
허리, 엉덩이, 키, 얼굴이
서로 양보하는 것을
사진작가가 사랑으로 착각한 까닭이다.

＊34DDD: 밑가슴 둘레 34inch(86.36cm), 가슴둘레 108.85cm.
＊102ZZZ: 밑가슴 둘레 102cm, 가슴둘레 169.5cm.

작가는 무엇이든 세상 으뜸으로 만든다

떠들썩해서 인터넷 창을 열어보니
사진작가의 속임수였다
흔한 돼지고기로 탕수육 만들 듯
널린 것 중에서 하나를
튀겨낸 것이다

인조 얼굴에 손님들이 물렸다 하니
몸매를 진열대에 올렸다
여신, 베이글녀, 바디 라인, S라인, 육감 몸매
어깨 라인, 가슴 라인, 허리 라인, 가슴골, 콜라병 뒤태
터질듯한 탄력, 아찔 섹시에 허걱 소리 내 달라 하다가
아슬아슬 파격 노출, 시스루룩*에 허억 쓰러지라 한다

몸매에도 꼬이지 않으면
손가락, 발가락, 머리카락이라도 들고 나오려고
분장실에 모아놓았다
쇄골, 허벅지, 종아리, 발목은 곁들여 써먹었고
콧구멍, 귓구멍, 손톱, 발톱은 돈이 될 것 같지 않아
젖꼭지, 음문은 언제 팔 수 있을지
눈치를 본다

별것 아닌 것에
별것에는 없는 것이 있어서
우수마발에서 시詩를 뽑듯이
별것 아닌 몸매에 조이고 붙이고 구부려서
S라인을 뽑고 물감을 칠하면
와아, 멋지다 진짜다
자기 집사람과 꼭 닮은 S라인과 피부에
신기한 듯 호들갑을 떤다.

* 시스루룩see through look: 누드룩nude look, 알몸이 보이거나 신체의 선을 살린 모양.

2010년 오월은

옹자물* 가에 송홧가루 금띠 둘러놓고
봄이 온 자리에
설익은 여름이 서성인다
아직 봄나들이 못 갔으니 봄이라 할까
더위가 오락가락하니 여름이라 할까

하루 걸러 내리는 비
채소 값을 금값이라 부르고
꽃망울도 문드러진다는데
산딸기는 제대로 열렸을까
지구 온난화 소동에도
밝은 빛 살랑살랑 스치는 소리는
아이들 크는 소리

싹이 돋는 대로 짓무른다 아우성에도
아이들이 튼튼하라고
연초록 깃발이 산을 넘고
짙푸른 깃발이 따라간다.

*옹자물[명사]: 도랑 같은 데에 조금 괸 물.

여기가 천국

여비 떨어진 친구를 데리고 가서
이 사람에게 차표 한 장 끊어주라는 말에
어이없어 웃는 그에게

혈기 넘치던 네게
억울하게 맞은 사람들이
너의 속죄로 받아줄 것이라 했더니

보지도 않은 일을 씨부렁거리는구나
거짓말만 하다가 벌 받는 꼴이 볼만하겠다고 웃는다

네가 사람 쳤다고 소문으로만 들었는데
내 말이 거짓이라 해도
이 사람이 나를 변호할 것이라 하니
말은 잘 둘러대는데
알고도 속아주는 것은 더럽지만
차표는 끊어줄 테니
지옥에서 만나도 오늘처럼 지내자 손잡는다.

짝사랑

살다 보면 짜릿한 때가 있다
첫눈의 짜릿함은
빈 병 버리듯 잊어야 좋은 것
아, 봄볕에 흔들리던 꽃잎이여

포장을 뜯자마자 고장 난 카메라
첫눈의 짜릿함에 속은 것이다
폐업정리 때 사지 못한 등산복
첫눈의 짜릿함에 한숨짓는 것이다

첫눈에 번져오는 욕망
가져도 버려도 슬픈 것
돌아서면
진한 무지개로 남는
첫눈에 반한 짜릿함이여.

하백* 선생 하루가 길다

공공근로 일자리가 떨어지니
바람도 꽃샘바람뿐이다
살에 파고드는 윗바람 싫어 방을 나가면
앉을 자리는 얼음 같은 공원 벤치bench

이불 쓰고 보는
텔레비전 노래는 싱겁고
잠도 오지 않는다
술 친구 찾자니 체면이 없고
한국 인터넷internet에는
포르노pornography도 없어졌다

옆집에서는 이럴 때만 고기를 굽는다
집사람은 일하러 가고 점심때는 멀었고
혼자서 바둑이나 둘까, 아니
구멍가게에 집사람 이름 대고
아침 겸 점심으로
막걸리 한 병, 김치 조각 하나에
불쾌해지면
낮잠이나 자자.

*하백: 하얀 백수, 실직자를 말하는 은어.

가을이 갔는가

산에서 내려온 찬 기운이
코스모스 마른 몸을 휘젓는데
맑은 이슬은 가을을 잡고
노란 은행잎은 마른 가지를 잡고
이대로 살자 한다

푸른 하늘에 눈이 부셔
성큼성큼 걸어오는 겨울을
눈치 못 챈 가을이
화들짝 쫓겨가는
하얀 하늘에 얼음이 언다

서리 반짝이는 길에
바람이 작은 숨만 쉬어도
황홀했던 가을 부스러기가 뒹군다
알록달록 가을 가루가
바람 따라 올라갔다가 내려 쌓이면
어린 날 바람개비도 그 위에 쌓인다.

잠을 청한다

눈을 감고
하나 둘 셋
세고 또 세면
복사꽃이 날린다
노랑나비 날아든다

푸른 하늘 은하수
속으로 불러 보면
비눗방울 두둥실
다시 내려지는 캄캄한 장막

구구단을 외우면
새벽 두 시 자명종 소리
두 귀의 이명만 커지는데

새벽이 오고 있느냐
햇살 길어가는 순이 물동이
마을 입구에 찰랑대는 아침아.

막차

남으로 달리는 막차에 입석이 있다
좌석승객은 가진 자여서
주머니를 긁어서 돈대로 사고 먹는데
입석승객은 주머니가 무거워도 식탁도 펼치지 못하고
가진 자가 내리기를 기다려
남의 집에 들어가듯 자리를 차지하고
새로 탄 승객을 경계하지만
표를 내미는 자에게 자리를 뺏기고
정처없이 떠난다

대구를 지나서 나란히 빈집이 생겼다
소유권도 없는 자가 두 채를 차지하여
모로 눕고 바로 눕고 재벌 행세를 하는데
옆집이 비지 않은 가진 자는 아직도
시루의 콩나물처럼 박혀있다

가진 자의 특권도
못 가진 자의 요행보다 못할 때가 있다
질서도 소유권도 뒤죽박죽인데
무궁화 안은 모두 형제인 양
시간은 봄날처럼 흐른다.

눈썰미

사진을 보고 또 보고 암기하였더니
대면한 모습은 학습한 모습이 아니다
옷 색깔이 다르고 없던 모자를 썼는데도
명찰이 그분이라 하니
학습한 모습과 눈앞의 모습을 일치시키는 작업을 했다
며칠 못 가서 또 잊을 거라
보고 보고 또 보아 두었다

하루 만에 가고 오는 거리이지만
사는 데는 천릿길이니
1년에 한 번 모이기도 어려워
어느 날 거리에서 모르고 지나치는 것은 당연하지만
다음 모임에서는 알아보아야 할 텐데

낯선 사람에게는 옷만 갈아입어도 사람을 몰라봐서 낭패
집사람에게는 바뀐 옷도 머리모양도 몰라봐서 낭패
신이 내린 눈썰미라
탓할 수도 없다.

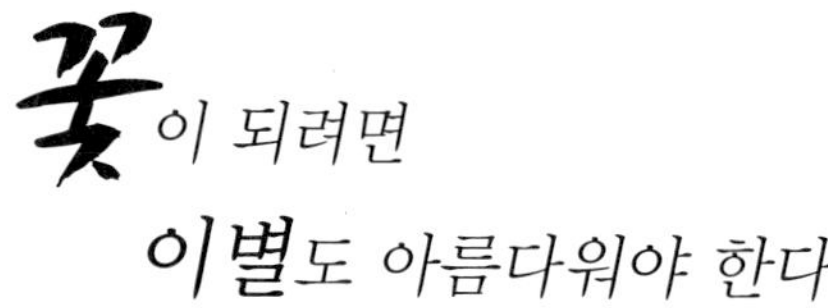

이석락 詩人 제5시집

인쇄일_ 2013년 5월 12일
발행일_ 2013년 5월 16일

지은이_ 이석락
펴낸이_ 최경식
펴낸곳_ 도서출판 청옥문학사
기획처_ 문화마을디자인

등록번호_ 제10-11-05호
주 소_ 부산시 동래구 명륜로 203-6 (명륜동696-38)
E-mail _ kyu500@hanmail.net (출판사)

ISBN ISBN 978-89-97805-07-5
값_ 10,000원